AF586913

# OBSERVATIONS

## TRÈS-IMPORTANTES

*De plusieurs milliers de Créanciers de la Maison Rohan-Guémenée, sur le rapport imprimé, relatif à l'échange de l'Orient & des Terres de Châtel, Carman & Recouvrance contre la Dombes.*



La Convention nationale a déjà sous les yeux le rapport imprimé que l'un de ses Membres se propose de lui faire sur l'échange de l'Orient.

C'est d'après ce rapport qu'elle doit fixer irrévocablement le sort des Créanciers Guémenée. Plus de deux mille familles voient leur existence physique attachée à l'événement de cette importante affaire.

La Convention nationale refusera-t-elle un quart d'heure d'attention à la lecture d'observations qui n'ont pour objet que d'instruire sa religion, de la prémunir contre l'erreur dans laquelle eſt tombée l'Aſſemblée légiſlative, & de prévenir une injuſtice involontaire que tôt ou tard elle ne pourroit s'empêcher de réparer ?

## I.re Observation.

Elle porte ſur ce qui fait la baſe même du rapport. On y ſuppoſe que l'Orient a toujours appartenu à la Nation, & qu'il n'étoit point dans la mouvance des Rohan-Guémenée : en conſéquence on caſſe l'échange de l'Orient contre la Dombes, & l'on fait retenir l'un & l'autre par la Nation.

Les Créanciers oppoſent que les Rohan leurs débiteurs, jouiſſoient de cette mouvance depuis un tems immémorial. Inutilement les agens du fiſc avoient tenté de la leur conteſter ſous l'ancien régime, ils ont prouvé par des titres tellement authentiques, tellement irréprochables qu'elle leur appartenoit, que des Jugemens des 27, Octobre 1777, 3 Juillet 1781 & 16 Septembre 1785, les y ont maintenus ; ils ont triomphé, en 1785, des efforts combinés des Adminiſtrateurs des domaines & de ſes Inſpecteurs ſtimulés par Baud, Fermier général des domaines de la ci-devant province de Bretagne.

Ils invoquent donc l'autorité de la choſe jugée.

On a cru dans le rapport écarter ces Jugemens, en diſant qu'ils ont été rendus en grande Direction, & que ce Tribunal n'étoit pas compétent. On donne pour principal motif de ſon incompétence, le défaut de préſence d'un Officier faiſant fonction de miniſtere public, & chargé de veiller à la conſervation des intérêts de la Nation.

Cette allégation eſt une erreur de fait.

Les Inſpecteurs du domaine rempliſſoient eſſentiellement les fonctions de miniſtere public auprès des Tribunaux du Conſeil ; c'étoit-là l'objet de leur inſtitution ; ils avoient ſerment en Juſtice ; ils étoient reçus à la Chambre des Comptes ; c'étoient les défenſeurs nés du domaine ; le nom même qu'ils portoient l'annonce, & ne permet pas d'en douter. Or, les trois Jugemens de 1777, 1781 & 1785 ont été rendus, ou en préſence des Inſpecteurs du domaine, ou contradictoirement avec eux.

Dire, comme on a fait, que la grande Direction n'étoit pas un Tribunal compétent pour connoître des matieres domaniales, parce que le ci-devant Roi étoit Juge au Conſeil, c'eſt comme ſi l'on ſoutenoit que l'on ne pouvoit caſſer aucun Arrêt des Cours en matiere domaniale, parce que le ci-devant Roi étoit Juge au Conſeil, où les caſſations ſe portoient néceſſairement. La fauſſeté de pareilles conſéquences fait aſſez connoître l'impoſſibilité d'admettre le principe duquel on eſt parti dans le rapport.

Quant au Tribunal de la grande Direction, on ſait qu'il étoit principalement établi pour connoître des procès de la nature de ceux que les Rohan avoient à ſoutenir. Etoit-il en leur pouvoir de décliner ce Tribunal ? Les eût-on écoutés ? L'uſage où l'on étoit d'y plaider en matiere domaniale, fait tomber toutes les objections qu'on tenteroit de faire aujourd'hui contre ſa compétence.

Les Créanciers Gémenée invoquent donc les Jugemens de 1777, 1781 & 1785, comme la ſauve-garde de la propriété de leur débiteur & de la validité de l'échange qu'on voudroit détruire.

L'article XIII du Décret du 1er. Décembre 1790, défend de porter atteinte à ces Jugemens : il veut « qu'aucun laps de tems, aucune fin de » non-recevoir, *excepté celle de l'autorité de la » choſe jugée*, ne puiſſe couvrir l'irrégularité con- » nue & bien prouvée des aliénations de biens » du domaine, faites ſans le conſentement de » la Nation ».

Or, les Créanciers Guémenée ont en leur faveur l'autorité de la choſe jugée, telle qu'ils pouvoient l'avoir, & telle que la foi publique la leur a garantie.

Révoquer en doute la validité de Jugemens auſſi ſolemnels, c'eſt ſapper par les fondemens la loi ſacrée de la propriété ; c'eſt livrer à l'arbitraire la fortune de tous les citoyens ; c'eſt compromettre celle de la Nation elle-même, dont les droits les plus importans repoſent ſur des Jugemens émanés de la grande Direction.

Et dans quel tems vient-on attaquer la compétence de ce Tribunal ? Quand les Jugemens qu'il a rendus ſont exécutés ; quand on les a pris pour baſe d'opérations & d'échanges entiérement conſommés.

Quoi ! le rapport entre dans la diſcuſſion des aveux & minuts qu'il croit favorables au domaine ! il critique ſéverement ceux qu'ont fait valoir les Rohan, & à l'aide deſquels ils ont triomphé ! il remet en queſtion ce qui a été jugé après la plus ample inſtruction, & il ne dit pas que les Rohan & leurs Créanciers n'ont plus leurs titres ! que ſur la foi d'échanges conſommés, ils les ont confiés au gouvernement ! qu'il ne reſte rien en leur pouvoir, pour repouſſer l'attaque qu'on leur livre ! La Nation Françoiſe, franche, loyale, généreuſe, veut-elle donc ſe meſurer avec un ennemi qu'elle a déſarmé ! Cette idée révolte, & l'honneur ne ſauroit l'adopter.

La Convention nationale a mille fois déclaré qu'elle ne ſe conſtitueroit jamais en Tribunal judiciaire ; elle ne caſſera donc pas des Jugemens exécutés : si, dérogeant à ses principes ; elle prenoit sur elle de juger encore ce qui l'a déjà été trois fois, elle remettroit entre les mains des Créanciers de Rohan-Guémenée les titres avec lesquels ils se sont défendus avant l'échange, & qu'ils ont donnés à la Nation ; elle les réintégreroit dans tous les avantages qu'ils avoient en 1786 ; & si elle ne pouvoit acquitter cette dette sacrée, elle ne violeroit pas la foi des traités ; elle ne permettroit pas que la confiance qu'on a eue en elle, fût déçue. Voilà les procédés qui conviennent aux Représentans d'une Nation libre : la liberté a ce privilege de rendre plus austeres les regles de la délicatesse & du devoir.

## IIe. Observation.

Se placera-t-on néanmoins dans l'hypothèse où la Convention nationale casseroit l'échange de l'Orient contre la Dombes, sur le fondement que l'Orient n'appartenoit pas aux Rohan-Guémenée, quoique tant d'arrêts ayent jugé qu'ils en étoient propriétaires ? alors même, les articles 2, 3, 4 & 8 du projet de décret qui lui est présenté à la fin du rapport ne peuvent être admis, l'article 2 est l'objet de notre seconde observation.

Cet article conserve à la nation les domaines de Châtel, Carman & Recouvrance, *conformément*, douze millions cinq cent mille livres, quatre feront destinés à payer les créanciers privilégiés & hypothécaires sur Châtel, Carman & Recouvrance ; d'où l'on conclud que les parties n'y avoient pas mis d'autre valeur ; & l'on rejette les 8,500,000 livres désignées comme prix de convenance sur l'Orient seul, quoiqu'il soit impossible de nier que Recouvrance ne fût tout aussi convenable à la Nation que l'Orient.

Les Créanciers Rohan-Guémenée ont sur ce dernier point, une autorité irrécusable, c'est celle que leur fournit le rapport même, page 26.

« Il faut remarquer, y est-il dit, que l'acquisition des trois Domaines de Châtel, Carman & Recouvrance, & sur-tout celle de Recouvrance est très-importante pour la Nation. Le Fief de Recouvrance comprend le fauxbourg de ce nom, sis en la ville de Brest, *& s'étend jusques dans le port de cette ville, le long des côtes qui forment le port.* Rohan-Guémenée, *en vertu de ce Fief, percevoit dans le port des droits qui étoient nuisibles au commerce. Il eût été impolitique de laisser dans les mains d'un individu le port le plus important pour les forces maritimes de la Nation ; & si cette acquisition n'étoit faite, il faudroit s'empresser de la convoiter. Ainsi, il est donc de l'intérêt autant*

» *que de la justice de la République de maintenir* » *cette acquisition.* »

Que pourroient dire de mieux les Créanciers Rohan-Guémenée? Mais, si tout cela est vrai, (& ce l'est) comment persuader que l'on ne doit point attacher aux Terres de Châtel, Carman & Recouvrance, une partie considérable de ce à quoi le prix de convenance avoit été fixé? Comment appliquer tout ce prix à l'Orient, & n'en pas laisser la moindre partie à trois Terres précieuses qu'on garde pour quatre millions, quand elles rapportoient, à l'époque de l'échange, 200,000 livres de rente? De pareilles Terres ne valoient-elles, pour la Nation, que le denier vingt?

En vain on chercheroit à satisfaire à toutes ces questions, en disant que les Rohan n'avoient acheté ces Terres que 3,500,000 livres en 1778, mais de 1778 à 1786, il s'est écoulé 9 années, & ces 9 années ont été utiles pour les fonds de terre; d'ailleurs, c'est le produit qu'elles donnoient, qui en déterminoit le prix & non celui de l'acquisition primitive. Enfin cette convenance pour la République, convenance telle qu'aux termes du rapport *si l'acquisition n'en étoit faite, il faudroit s'empresser de la convoiter.* Étoit-il donc défendu aux Rohan de la faire valoir & d'en augmenter d'autant leur prix?

Ah ! il eſt des droits ſi évidens, il eſt des vérités ſi frappantes qu'il ſuffit de les expoſer pour porter la conviction dans les ames !

Châtel, Carman, Recouvrance, l'Orient & une rente au capital de 11,000,000 de livres ont été cédés par un ſeul & même acte pour les reſtes de la Dombes, & 12,500,000 livres; donc on ne peut maintenir l'échange pour Châtel, Recouvrance & Carman, ſans l'exécuter pour le tout.

Veut-on cependant qu'il en ſoit autrement? au moins ne faut-il pas garder trois Terres de la dernière importance pour un prix évidemment au-deſſous de leur valeur, ni s'oppoſer à ce qu'on leur applique une partie de celui appelé de convenance, par l'échange même, quand il eſt certain, quand il eſt reconnu qu'elles entrerent dans ce prix de convenance pour plus que l'Orient même; car leur droit, à ce prix, étoit comme le port de Breſt eſt au port de l'Orient, comme un port qui renferme toutes nos forces navales, eſt à un ſimple port de commerce, comme la conſervation de l'état entier eſt à ſon plus ou moins de richeſſe.

Que la Convention nationale daigne nous entendre, & qu'elle juge !

## III^e. Observation.

Elle porte ſur les articles III & IV du projet de décret.

On y propoſe à la Convention d'ordonner que la Nation ſera reſtituée, 1°. de 600,000 liv. & de tous les arrérages de la rente de 18,750 liv. au capital de 1,100,000 livres, à quoi avoient été fixés, par les Jugemens de 1777 & 1781, les droits & les indemnités relatifs à la ceſſion faite en 1770 par la Compagnie des Indes; 2°. tous les revenus caſuels de l'Orient, perçus par les Rohan depuis le premier Juillet 1771, *époque de la rentrée du domaine dans les droits caſuels engagés.*

Or, en admettant dans ſon entier le ſyſtême préſenté dans le rapport qui va être ſoumis à la Convention nationale, la loi & la juſtice s'oppoſent aux reſtitutions propoſées.

Obſervons d'abord que les 600,000 livres n'ont été payées aux Guémenée que comme un fruit de leur mouvance, & pour le profit auquel avoit donné lieu l'acquiſition qu'avoit fait le Gouvernement, en 1770, de la Compagnie des Indes; obſervons encore que les arrérages de la rente de 18,750 livres ſont auſſi des fruits, & qu'il n'y a que le fond de cette rente qui repréſente la ci-devant directe de Guémenée ſur l'Orient, comme ayant été donnée en indemnité de la perte de cette mouvance. Venons maintenant aux principes.

Il en eſt un non révoqué en doute; c'eſt qu'un poſſeſſeur de bonne foi fait les fruits ſiens, *bonæ fidei poſſeſſor fructus ſuos facit.* « Ceux qui ſe trou- » vent ( dit Domat, page 259) jouir d'un bien » qu'ils croyent leur appartenir, mais qui n'eſt » pas à eux, ne ſont tenus d'aucune reſtitution » des fruits perçus pendant la durée de leur » bonne foi; car la bonne foi d'un poſſeſſeur a » cet effet, qu'il peut ſe conſidérer comme étant » le maître, & cet état qu'il a le droit de prendre » pour la vérité, doit lui en tenir lieu; ainſi la » perte que fait le vrai maître qui ne jouit pas, » eſt à ſon égard un cas fortuit qu'il ne peut » imputer à perſonne (1). On appelle poſſeſſeur » de bonne foi, dit ſon Annotateur, celui qui » a une juſte cauſe de ſe dire le maître comme » s'il a eu un fond d'une ſucceſſion, ou s'il l'a » acquis par quelqu'autre juſte titre, ignorant le » vrai maître. »

---

(1) *Bonæ fidei poſſeſſor in percipiendis fructibus, id juris habet quod Dominis prædiorum tributum eſt.* L. 25, §. 1er de uſuris. *Bona fides tantùmdem poſſidenti preſtat quantùm veritas quoties lex impedimento non eſt.* L. 136, dig. de reg. jur.

Or, les Rohan-Guémenée possédoient la mouvance de l'Orient depuis des siècles ; ils l'avoient trouvée dans la succession de leurs peres ; ils en jouissoient paisiblement en 1770 lors de la vente que la Compagnie des Indes fit au Gouvernement : vente qui donna lieu au droit casuel & à l'indemnité dont on propose de faire ordonner le rapport.

Leur bonne foi étoit appuyée sur un premier Jugement du 4 Octobre 1683, qui ordonnoit à leur profit le payement de 200 livres, à quoi avoient été fixés alors, par des Commissaires réformateurs, les lods & ventes à eux dus à l'occasion des acquisitions qu'avoit faites la Compagnie des Indes en 1666 & 1669 dans leur mouvance.

On ne sauroit la révoquer en doute d'après les dispositions du Jugement de 1777, qui ordonna l'exécution de celui de 1683, & le payement des lods & ventes ouverts par la cession que la Compagnie des Indes fit au Gouvernement en 1770.

Enfin, on n'élevoit de difficultés que sur la plus ou moins grande étendue de la mouvance des Rohan-Guémenée, lorsque, le 3 Juillet 1781, intervint un second Arrêt, qui fixa l'indemnité due pour l'extinction de cette mouvance & de la haute justice, à 18,750 livres de rente, &

liquida les droits casuels, acquis en 1770, à 600,000 livres.

Ainsi, lorsque les Rohan-Guémenée ont touché ces 600,000 liv. & reçu le contrat qui assuroit leur rente, leurs droits n'avoient point été contestés, pas même par Baud, & leur bonne foi ne pouvoit pas être soupçonnée. Cette somme de 600,000 livres leur est donc acquise irrévocablement & indépendamment du sort que peut avoir le rapport soumis aux lumières de la Convention.

Il en est de même des profits casuels que les Rohan ont touchés de l'Orient depuis 1771. Ils les ont perçus comme propriétaires, & non comme engagistes; ils devoient bien croire l'être, puisqu'indépendamment d'une possession immémoriale, ils avoient un premier Jugement en leur faveur, qui remontoit à 1683, & qu'ils en ont obtenu trois autres depuis. Ces profits ne peuvent donc être sujets à restitution dans quelqu'hypothèse que l'on se place. Et l'Edit de 1771 n'est nullement applicable à l'espèce présente.

Poussera-t-on la rigueur jusqu'à dire que la bonne foi du possesseur cesse à compter du jour du trouble? Eh bien, quand les Rohan ont-ils été inquiétés? Ce n'est ni en 1777 ni en 1781; ils ne l'étoient pas même en 1783, suivant le rapport. Ce n'est qu'à la fin de 1783 que Baud a intenté le procès, & ce procès, il l'a perdu en 1785. Ce Jugement subsiste, il appuye la bonne foi des Rohan-Guémenée, puisqu'il reconnoît & consacre leur propriété.

Portons le raisonnement jusqu'à la conséquence la plus reculée. La Convention cassera-t-elle cet Arrêt? jugera-t-elle le contraire de ce qui a été décidé? donnera-t-elle à son jugement l'effet rétroactif de constituer les Rohan en mauvaise foi? Cette rétroaction ne pourroit encore aller au-delà de 1784, date de la naissance du procès intenté par Baud : ce ne seroit donc, en outrant ainsi les choses, que deux années d'arrérages de la rente de 18,750 livres qu'il faudroit rendre avec les profits casuels touchés de 1784 à 1786. Certes, il y a loin de-là à restituer 600,000 livres d'une part, tous les arrérages de la rente de 18,750 livres, & tous les droits casuels perçus depuis 1771, comme on le propose dans les articles III & IV du rapport imprimé qui doit être présenté à l'Assemblée.

## IVe. OBSERVATION.

Les Créanciers Rohan-Guémenée ne se permettront plus que de courtes réflexions sur la première partie de l'article III & sur l'article VIII du projet de Décret.

Il y est dit que la Nation sera restituée sur les biens des Rohan-Guémenée, de la somme de 8,500,000 livres, qui a été ou payée en vertu de l'acte du 3 Octobre 1786, ou employée à créer sur le Trésor national des rentes au profit des Créanciers de Rohan. On ajoute qu'à mesure des extinctions des rentes, la Nation sera placée en ordre utile à la date de ses hypothèques résultantes de ses différentes créances.

Ces articles exigeroient un plus grand développement. Il est certainement dans l'intention de la Nation de ne se ranger, à la faveur de la subrogation qu'elle a stipulée, qu'à la date de l'hypotheque personnelle au Créancier dont la rente sera éteinte, & de laisser à ceux dont l'hypotheque le priment la priorité que la loi leur accorde. La Nation ne sauroit non plus user de la subrogation que jusqu'à concurrence de ce qu'elle aura réellement payé aux Créanciers. Elle ne voudra jamais profiter du sacrifice qu'ont fait ceux qu'elle représente sur leur créance première, & il en est plusieurs dans ce cas. C'est à la Convention qu'il appartient de prévenir les doutes qu'on pourroit élever à cet égard.

Mais il est un point d'une bien plus grande importance, sur lequel on ne peut trop la supplier de s'arrêter. En résiliant l'échange de l'Orient, en retirant la Dombes & se constituant Créancière de 8,500,000 livres, à la date de l'hypotheque des Créanciers remboursés, la Nation absorbe ce qui reste de biens aux Rohan-Guémenée, que deviennent alors tous les Créanciers postérieurs à elle en hypotheque? que deviennent les chirographaires? que devient enfin cette masse particulière de créances, montant à 2,000,000 de livres qui accable la Bretagne & la ville de Brest en particulier? C'est sur cette partie de la Nation que portera le poids de la résiliation du traité de 1786. L'indemnité proposée sera prélevée sur ce qui faisoit le gage de leur créance. Peut-elle vouloir leur ruine? Exigeroit-elle d'eux aujourd'hui, s'ils étoient ses débiteurs d'une pareille somme, qu'ils se condamnassent aux horreurs de l'indigence pour la lui payer? Non, sans doute, elle ouvriroit ses trésors à leurs besoins, elle suspendroit au moins ses poursuites, elle ne voudroit venir en ordre utile que quand elle seroit sûre d'avoir pourvu à leur subsistance. C'est cette faveur que des peres de famille, des vieillards nonagenaires, des veuves sans ressources sollicitent de sa sensibilité & de sa bienfaisance. Que la Nation, si elle veut résilier les traités & casser tous les Arrêts, consente au moins à n'exercer ses droits qu'après que tous les Créanciers seront payés.

Cette diſpoſition ſeule leur rendra l'exiſtence; elle eſt leur mere, elle ne peut vouloir s'engraiſſer de la ſubſtance de ſes enfans.

---

A Paris, de l'Imprimerie de N. H. Nyon, rue Mignon-Saint-André-des-arcs.

www.ingramcontent.com/pod-product-compliance
Lightning Source LLC
LaVergne TN
LVHW052037160826
845678LV00003B/1394

* 9 7 8 2 3 2 9 6 3 5 2 4 8 *